SVENJA FLAßPÖHLER
DIE POTENTE FRAU

W0085682

Das Buch

Der Hashtag-Feminismus behauptet, er befreie die Frau aus den Fängen des Patriarchats. In Wahrheit aber wiederholt er patriarchale Denkmuster: Die Frau ist schwach. Sie braucht Schutz. Das männliche Begehren ist allmächtig, das weibliche nicht existent.

Mit ihrem Buch plädiert Svenja Flaßpöhler für eine neue Weiblichkeit. Erst wenn Frauen auch ihr Begehren als potente Größe begreifen, befreien sie sich aus der Opferrolle. Erst wenn sie Autonomie nicht nur einfordern, sondern auch den Mut haben, sie zu leben, sind sie wahrhaft selbstbestimmt.

Die Autorin

Svenja Flaßpöhler, geboren 1975, ist Chefredakteurin des *Philosophie Magazins*. Die promovierte Philosophin war Literaturkritikerin in der Fernsehsendung »Buchzeit« (*3Sat*) und leitende Redakteurin beim *Deutschlandfunk Kultur*, wo sie die Sendung »Sein und Streit« moderierte. Mit Wolfram Eilenberger, Gert Scobel und Jürgen Wiebicke verantwortet sie das Programm der »Phil.cologne«. Ihre Bücher wurden in mehrere Sprachen übersetzt, zuletzt erschien von ihr das vielbesprochene Buch *Verzeihen*. Sie lebt mit ihrer Familie in Berlin

SVENJA FLAßPÖHLER

DIE POTENTE FRAU

FÜR EINE NEUE WEIBLICHKEIT

Ullstein

Für Florian

4. Auflage 2018

ISBN 978-3-550-05076-3
© 2018 by Ullstein Buchverlage GmbH, Berlin
Alle Rechte vorbehalten
Lektorat: Uta Rüenauver
Umschlaggestaltung: Sabine Wimmer, Berlin
Umschlagfoto: Maria Sturm
Satz: LVD GmbH, Berlin
Gesetzt aus der Adobe Garamond und Gotham
Druck und Bindearbeiten: CPI books GmbH, Leck
Printed in Germany

Inhalt

Prolog

Rechtlich ist das Patriarchat passé. Die potente Frau hat es auch psychisch überwunden.

Scham und Gefallsucht hat sie abgestreift wie ein altes Kleid. Ihr Zugang zur Lust: unmittelbar. Ihr Begehren: eigensinnig. Sie ist keine Leerstelle – weder existiert sie für den Mann noch durch ihn. Weit entfernt davon, ein Spiegelbild seiner Potenz zu sein, ist sie ein ihm gleichwertiges, aber nicht gleiches Gegenüber.

Der Unterdrückung, historisch betrachtet, noch nicht lang entkommen, liegt der potenten Frau nichts daran, nun ihrerseits zu unterwerfen. Sie dreht den Spieß nicht einfach um, weil sie weiß, wohin das führt: zu einer tiefen Entfremdung der Geschlechter. Die Größe der potenten Frau speist sich vielmehr aus ihrem Vermögen, den Impuls der Herrschsucht zu unterlassen: Jede Form der Verdinglichung lehnt sie entschieden ab.

Die potente Frau hat den Sprung aus einer überholten Gegenwart gewagt. Vorbei die Jahrzehnte des Übergangs, in der das sogenannte schwache Geschlecht beinahe krampfhaft festhielt an dem ihm zugeschriebenen Opferstatus, weil noch keine andere Erzählung möglich schien. Vorbei die Zeit, in der Frauen kaum etwas wussten von der eigenen Lust und Gesetze einforderten, die für sie ihr Intimleben regeln.

Die potente Frau ist weder Realität noch ein unerreichbares Ideal. Sie ist eine Möglichkeit. Warum ergreifen wir sie nicht?

Einleitung

Seit Monaten bestimmt die #metoo-Debatte die Feuilletons und Talkshows. Kaum ein Tag vergeht, an dem nicht eine Schauspielerin, Künstlerin oder Sportlerin von sexualisierter Gewalt berichtet. Kaum ein Tag, an dem nicht von patriarchalen Strukturen die Rede ist, die Frauen unterdrücken, und zwar systematisch. Männliche Gewalt, behauptet der Hashtag-Feminismus, ist allgegenwärtig: im Büro, im Bett, im Leben einer jeden einzelnen Frau.

Und ja, es stimmt: Handfeste, brutale Gewalt von Männern gegen Frauen (und auch gegen Männer) existiert. Männer sitzen immer noch in signifikant mehr Machtpositionen als Frauen. Einige von ihnen nutzen ihre Macht schamlos aus. Und natürlich ist es gut, wenn Männer wie Harvey Weinstein entmachtet werden.

Auffällig ist aber, dass eine ganz bestimmte Perspektive in der gegenwärtigen Diskussion weitgehend ausgespart wird: die Frage nämlich, was Frauen zur Festigung der männlichen Macht, die immerhin keineswegs mehr rechtlich legitimiert ist, selbst beitragen. Tatsächlich sind es Initiativen wie #aufschrei, #neinheißtnein und #metoo, die, trotz allen emanzipatorischen Willens, patriarchale Denkmuster blindlings wiederholen und damit eben jene Wirklichkeit festschreiben, die sie beklagen: Gegen Belästigungen ist die Frau machtlos; sie kann sich nicht wehren; das männliche Begehren ist allmächtig, das weibliche nicht existent.

In diesem Buch mache ich auf Dynamiken wie diese aufmerksam und plädiere für einen anderen, offensiven Begriff von Weiblichkeit und weiblicher Sexualität. Nur wenn die Frau in die Potenz findet, kann sie Autonomie nicht nur einfordern, sondern auch leben.

Not me

Die Möglichkeit steht für das Neue. Für das Offene und Unbekannte. Wer eine Möglichkeit ergreift, weiß noch nicht, ob sie auch in Zukunft trägt. Insofern ist es bezeichnend für Phasen des Übergangs, dass Menschen das Alte bevorzugen, selbst wenn es mit Unglück verbunden ist. Warum wir die Möglichkeit der Selbstermächtigung nicht ergreifen? #metoo-Befürworterinnen und -Befürworter geben auf diese Frage die folgende Antwort: Weil die Möglichkeit eben doch keine Möglichkeit ist. Weil leider immer noch, gesetzliche Gleichstellung hin und her, Männer diese Welt beherrschen. Frauen werden von Männern, die ihre Macht ausnutzen, vergewaltigt, genötigt, belästigt – das ist die Grundannahme.

Bereits an diesem Punkt ist dringend Differenzierung gefragt. Nicht in jedem Chefsessel sitzt ein Harvey Weinstein. Nicht jedes Unternehmen ist ein Machtkartell im Dienste der sexuellen Vorlieben eines Vorgesetzten. Zudem lässt sich bezweifeln, dass sexuelle Übergriffigkeit wirklich, wie #metoo suggeriert, das zentrale Problem von Frauen in der gegenwärtigen Gesellschaft ist. Läge es nicht näher, sich mit derselben Intensität zum Beispiel, sagen wir, dem Thema »ungleiche Löhne« zu widmen? Dann immerhin hätte man wirklich ein strukturelles Problem am Haken. Das Problem ist nur: Ein Hashtag #fürgeschlechtergerechtegehälter hätte nicht dieselbe Resonanz und Reichweite wie #metoo, weil er keine vergleichbaren medialen Verstärker fände. Ungleiche Löhne sind für Boulevardblätter, Wochen- und Tageszeitungen nun einmal nicht so sexy wie Berichte von Frauen, die detailgenau schildern, wie sie von mächtigen Männern in Hotelzimmern belästigt oder genötigt wurden. »Haben auch Sie Erfahrungen mit sexueller Belästigung im Berufsleben gemacht? Schicken Sie uns Ihre Geschichte per Mail an …«,[1] ermuntert beispielsweise der *Focus* seine Leserinnen; so billig kommt die Zeitschrift, für ihre feministische Grundhaltung nicht gerade bekannt, nie wieder an heiße Geschichten. Bisweilen erinnert der mediale #metoo-Mechanismus tatsächlich an den Roman *Die geschwätzigen Kleinode* des französischen Philosophen und Aufklärers Denis Diderot: Ein Sultan muss nur an seinem Ring drehen, und schon plaudern die Geschlechtsteile der Frauen, die in seinem Reich wohnen, aus dem Nähkästchen.

Harvey Weinstein wurde 1952 geboren, Dieter Wedel 1939 oder 1942 (da besteht offenbar Unklarheit). Rainer Brüderle, der 2013 der Journalistin Laura Himmelreich mitteilte, sie könne »ein Dirndl auch ausfüllen« und damit den Hashtag #aufschrei auslöste, ist am Kriegsende zur Welt gekommen. Bei jenen Herren, an denen sich die gegenwärtige Debatte um »sexualisierte Gewalt« maßgeblich entzündet hat, handelt es sich also um alte Männer. Es ist offenkundig, dass mittlerweile eine andere Generation von Männern – und auch Chefs – nachwächst. Eine Generation, die anders sozialisiert und erzogen wurde, seitdem beide Geschlechter rechtlich gleichgestellt sind und Frauen zunehmend in Führungspositionen vordringen. Gewiss, Ausnahmen gibt es. Aber es wird kaum jemand bestreiten, dass sich der männliche Habitus, zumindest in der westlichen Welt, im Zuge einer sich rasant wandelnden gesellschaftlichen Wirklichkeit weiterentwickelt hat, und zwar meist zum Guten. Insofern ist auch bezeichnend, dass die großen Skandalfälle, die Medien und #metoo als Beweis struktureller »sexualisierter Gewalt« präsentieren, größtenteils aus den 1980er- und 1990er-Jahren stammen. Als ließen sich die Jahrzehnte, die dazwischenliegen, einfach wegwischen. Als ließe sich von damals auf heute schließen. Als sei in der Zwischenzeit nichts geschehen.

Kommen wir zum Begriff der »sexualisierten Gewalt«. Das ist, niemand wird das bestreiten, ein sehr unspezifischer Terminus, der ein ganzes Spektrum von Überschreitungen beinhaltet: Von Vergewaltigung bis hin zur verbalen Belästigung ist mit diesem Ausdruck alles gemeint. Entsprechend sind auch die Erfahrungen, die Frauen unter dem Hashtag #metoo artikulieren, extrem heterogen. Diese Verallgemeinerungstendenz offenbart sich schon im Namen der Bewegung: »Ich auch.« Aber was meint »Ich auch«? Worauf bezieht sich diese Aussage? Auf einen dummen Spruch abends an der Hotelbar oder auf körperliche Gewalt? Es ist genau diese Unschärfe, die den Eindruck systematischer Unterdrückung erweckt und so eine althergebrachte Struktur weiter festschreibt, die da lautet: Männer beherrschen Frauen. Nicht einmal ansatzweise wird versucht, zu differenzieren, um herauszufinden, in welchen Situationen Frauen prinzipiell durchaus Handlungsoptionen hätten, diese aber aus welchen Gründen auch immer nicht nutzen. Und nicht einmal ansatzweise wird erkannt, für welche Welt da eigentlich gekämpft wird, wenn nicht nur die Vergewaltigung, sondern auch die Belästigung aus ihr verschwinden soll.

#metoo-Repräsentantinnen, so scheint es bisweilen, wünschen sich genau eine solche Welt: ohne Belästigung, sauber und rein, sogar mit gesetzlich geregeltem Sex. Wenn man allerdings genau hinschaut, so kann jede Verführung Gefahr laufen, als Belästigung wahrgenommen zu werden – und umgekehrt. Hätte nicht Rainer Brüderle, sondern George Clooney auf Frau Himmelreichs Brüste geschaut, vielleicht wäre kein Artikel im *Stern* erschienen und auch der Hashtag #aufschrei ausgeblieben. Je nachdem, ob eine Frau einen Mann attraktiv findet oder nicht, ob sie in Stimmung ist oder nicht, und je nachdem, wie sie sozialisiert wurde, kann ein und derselbe Sprechakt, kann ein und dieselbe Geste als Verführung oder als Belästigung wahrgenommen werden (dasselbe gilt natürlich auch für den Fall, dass eine Frau einen Mann verführen will).

Daraus folgt: Wer eine Welt ohne Belästigung will, will in letzter Konsequenz eine Welt ohne Verführung. Kein Mensch kann eine solche Welt ernsthaft wollen. Falsch ist überdies zu glauben, die Verführung sei, im Gegensatz zur Belästigung, frei von Macht. Wer erfolgreich verführt, erzeugt in einem anderen Menschen einen Willen, der ursprünglich nicht vorlag. Hätte er vorgelegen, wäre die Verführung schließlich nicht notwendig gewesen. Verführung und Manipulation sind mithin sehr nah beieinander, was nur einmal mehr die Annahme stützt, dass, bei Lichte betrachtet, nichts am sexuellen Akt harmlos ist.

Um es klar zu sagen: Es gibt Situationen, in denen Frauen keine Chance haben. Ich bin weit davon entfernt, Vergewaltigung oder Nötigung kleinzureden. Aber Vergewaltigung ist immer noch die Ausnahme. Wenn ich mich belästigt fühle, dann bin ich – in der Regel – der Situation keineswegs ausgeliefert. Ich kann kontern oder auch auf charmante Weise zum Ausdruck bringen, dass ich kein Interesse habe. Ich kann es ablehnen, ein Bewerbungsgespräch im Hotelzimmer zu führen. Ich kann, wie man so schön sagt, einen Mann vor den Kopf stoßen, indem ich seinem Willen nicht entspreche. Kurz: Ich kann mich dem männlichen Wunsch, mit mir zu schlafen, in aller Regel widersetzen, ohne Gefahr zu laufen, körperliche Gewalt zu erfahren (zumal wenn der Mann diese gar nicht ausüben könnte, so wie der halbseitig gelähmte Maler Chuck Close, der von seinem Rollstuhl aus Aktmodelle verbal belästigt haben soll und jetzt ein massives berufliches Problem hat).

Ich kann mich übrigens auch mit Frauen, die vielleicht zu jung, zu unerfahren oder zu prekär situiert sind, um Stellung zu beziehen, entschieden solidarisieren. Wenn ich sehe, dass eine Praktikantin oder eine Putzfrau von männlichen Vorgesetzten in welcher Weise auch immer aufgrund ihres Geschlechts diskriminiert oder behelligt wird, kann ich mich vor sie stellen und klarmachen: So nicht, meine Herren. Niemand hindert mich daran, dies zu tun. Außer meine eigene Feigheit.

Eine solch selbstbestimmte Haltung ist oft und aus verschiedenen Gründen nicht leicht. Zumal dann nicht, wenn Frauen schon häufig Gewalt erfahren haben, traumatisiert und verängstigt sind. Die Frage ist aber, ob wir solchen Frauen Mut machen, in die Selbstermächtigung zu finden, oder in einer Endlosschleife wiederholen, dass sie als Traumatisierte genau dazu nicht in der Lage sind. Die erste Option, das Mut machen, steht für die Dynamisierung einer Entwicklung, die zweite für die Festschreibung eines Status quo.

Auch ist Widerstand dann nicht einfach, wenn eine Frau vom Zuspruch oder der Gunst eines Mannes abhängig ist. Vielleicht riskiert sie durch entschiedenes Widersetzen gute Beziehungen, vielleicht sogar den eigenen Arbeitsplatz. Aber – und genau dieser Punkt wird von Hashtag-Feministinnen übersehen – es war noch nie einfach, Selbstbestimmung nicht nur zu fordern, sondern auch konkret zu leben. »Wer wirklich nach seinen eigenen Wünschen, Überzeugungen und Prinzipien leben will, der muss imstande sein, Widerstände zu überwinden«, schreiben Michael Pauen und Harald Welzer in ihrem Buch *Autonomie*.[2] Die Geschichte wäre keinen Deut vorangekommen, wenn Menschen sich zu allen Zeiten mit dem Argument gerechtfertigt hätten, dass sie, würden sie sich wehren, Einbußen zu befürchten hätten. So funktioniert kein Fortschritt. Und so funktioniert auch keine selbstbewusste

Weiblichkeit. Sich im Nachhinein auch in Situationen, in denen klare Handlungsmöglichkeiten bestanden hätten, als reines Opfer der Umstände hinzustellen, ist nicht selbstbestimmt, sondern der Weg des geringsten Widerstands. Um es zugespitzt zu sagen: Mit welchem Argument beanspruchen Frauen für sich, paritätisch Führungspositionen zu besetzen, wenn sie sich auf solche Weise selbst infantilisieren?

An dieser Stelle entgegenzuhalten, dass #metoo sehr wohl ein Akt der Selbstermächtigung sei, weil »ein Schweigen gebrochen« werde, ist eine fadenscheinige Argumentation, die allein auf ihre moralische Durchschlagskraft setzt (»Kann man denn dagegen sein, dass Frauen von ihrem Leid erzählen und Worte dafür finden?«). Was nützt ein nachträgliches Anprangern von Überschreitungen, die man hätte verhindern können? Halte still und beklage dich hinterher – ist dieses hilflose Nachtreten wirklich das Verständnis von Selbstermächtigung und Emanzipation, das wir unseren Töchtern mit auf den Weg geben wollen? Tatsächlich festigt #metoo ein zutiefst patriarchal geprägtes, von Passivität und Negativität gezeichnetes Frauenbild, anstatt es aufzubrechen.

Kommen wir nun auf jene Folgen zu sprechen, die #metoo für das konkrete Geschlechterverhältnis, für die Beziehung zwischen Mann und Frau hat. Was genau ist das Ziel von #metoo? Will die Bewegung das Verhältnis verbessern? Umkehren? Oder nachhaltig zerstören? Eines ist offensichtlich: Wenn Menschen Probleme nicht direkt miteinander klären, sondern die Kommunikation über Bande, das heißt über einen Dritten spielen, dann verhärten sich die Fronten. Wer die unmittelbare Auseinandersetzung meidet, sieht offenbar keine Chance (mehr) für einen konstruktiven Dialog. Im Fall von gescheiterten Ehen ist der Dritte im Bunde meist der Anwalt oder Richter. Bei #metoo nimmt die Öffentlichkeit die Richterfunktion ein. Kommuniziert wird über den Hashtag – und zwar absolut einseitig. Die Frau teilt sich mit, der Mann schweigt, weil eine Äußerung von ihm nicht vorgesehen ist. Er kann sich weder gegen explizit gegen ihn erhobene Vorwürfe verteidigen, noch kann er seine Sicht der Dinge darstellen – die ja durchaus interessant wäre.

Gewiss habe ich kein Mitleid mit Männern, die sich Frauen gegenüber respektlos oder gar gewalttätig verhalten. Aber ich kritisiere entschieden, wenn Frauen sich jener Machtmethode bedienen, unter der sie selbst Jahrhunderte lang gelitten haben: einer radikalen Verdinglichung, einer Degradierung zum bloßen Objekt, einer Reduzierung des Anderen auf seine vermeintlich triebgesteuerte Natur. #metoo zeichnet ein klares Bild des Mannes: Im Dienste seiner eigenen Lust bricht er den Willen der Frau, geht über ihr Wohl hinweg und beherrscht sie schon allein körperlich. Im Grunde ist der Mann also ein Tier, dem nur durch schärfere Gesetze Einhalt geboten werden kann: »Balance ton porc«, »Klage dein Schwein an« – so nennt sich die französische Variante von #metoo.

Der Pranger hatte seine Blütezeit im 13. Jahrhundert. Es gab verschiedene Methoden des Anprangerns. Die wohl gängigste: Der Verurteilte wurde an einen Schandpfahl gefesselt, öffentlich vorgeführt und der gesellschaftlichen Schmähung preisgegeben. Wer einmal am Pranger stand, konnte nicht mehr so weiterleben wie zuvor, er war als gesellschaftliches Subjekt vernichtet. Heute übernimmt die Funktion des Schandpfahls der Hashtag (so Klarnamen genannt werden) oder auch die sogenannte Verdachtsberichterstattung. Ob Dieter Wedel schuldig ist oder nicht (und es ist gut möglich, dass man diese Frage nicht mehr wird klären können, weil die Fälle zu lang zurückliegen), seine Existenz ist irreparabel zerstört. Der regressive Zug der #metoo-Bewegung wird auch an dieser Stelle deutlich sichtbar: Was im Gewande des Fortschritts daherkommt, ist in Wahrheit ein Rückschritt – und zwar buchstäblich ins Mittelalter.

Mit dem #metoo-Pranger verbunden ist ein eindeutiges Ziel: Abschreckung. Die Statuierung eines Exempels. Schau, das passiert, wenn du dich falsch verhältst. Du wirst geächtet. Und wenn du Künstler bist, fallen auch deine Werke in Ungnade. Kevin Spacey wurde kurzerhand, nachdem Vorwürfe wegen sexueller Nötigung gegen ihn laut geworden waren, nachträglich aus einem Film herausgeschnitten (aus Ridley Scotts *Alles Geld der Welt*). Museen sagen Ausstellungen ab oder verschieben sie auf den Sanktnimmerleinstag, weil die Künstler im Verdacht stehen, sich an Frauen oder auch Männern vergangen zu haben. Eine für Mai 2018 geplante Werkschau des bereits erwähnten Chuck Close in der National Gallery of Art in Washington – abgesagt wegen angeblicher verbaler Belästigung. Eine für Herbst 2018 angedachte Ausstellung des Modefotografen Bruce Weber in den Hamburger Deichtorhallen – abgesagt wegen des Vorwurfs sexueller Nötigung. Solch ein Vorgehen hat nichts mit Rechtsstaatlichkeit zu tun. Die Unschuldsvermutung wird kurzerhand ausgehebelt, ausschlaggebend ist bereits die Anklage. Was gegenwärtig in der Kunstwelt passiert, ist, um einen Ausdruck der Philosophin und Schriftstellerin Thea Dorn zu verwenden, »moralischer Totalitarismus«.[3]

Ökonomie der Lust

Kommen wir zum Begehren selbst, dem Dreh- und Angelpunkt der gegenwärtigen Debatte. Für #metoo ist kennzeichnend, dass Frauen sich libidinös gesehen eine rein passive Rolle zuschreiben – zielt die Bewegung doch letztlich auf

Strategien ab, wie mit männlicher Lust umzugehen, wie sie zu bekämpfen, wie die Frau effektiv vor ihr zu schützen sei. Auffällig leer jedoch bleibt in diesen Bestrebungen die Position des Weiblichen selbst; nichts, rein gar nichts erfahren wir über das Begehren der Frau.

Damit soll nicht gesagt werden, dass Frauen, die handfester Gewalt ausgesetzt sind, doch bitte mal selbst sexuell aktiv werden sollen. Gefordert ist vielmehr ein Wandel jener althergebrachten Begehrensökonomie, die besagt, dass im Zentrum des Geschlechterverhältnisses der allmächtige Phallus stehe, um den sich die Welt dreht; ein dominantes Begehren, auf das Frauen im Grunde nur reagieren können. »Natürlich« sind es die Männer, die den ersten Schritt wagen und Frauen mit Blicken penetrieren. »Natürlich« sind sie es, die nur das Eine wollen. Eine Frau, die sich diese Rolle anmaßt, gilt in der abendländischen Kultur schnell als Nymphomanin.

Diese auffällige Negativität des weiblichen Begehrens ist kennzeichnend für den Hashtag-Feminismus im Allgemeinen. So forderten Feministinnen vor wenigen Jahren mit dem Slogan #neinheißtnein eine aus ihrer Sicht längst überfällige Verschärfung des Sexualstrafrechts, die dann im Sommer 2016 auch stattfand. Ganz gewiss kann ein klares »Nein« ein stolzer Ausdruck weiblicher Autonomie sein. Doch wer den Satz »Nein heißt nein« in dem Glauben äußert, in ihm offenbare sich die reine Lehre weiblicher Emanzipation, sollte sich darüber im Klaren sein, dass in Wahrheit auch das Patriarchat aus ihm spricht. Denn die Koppelung von weiblicher Sexualität und Negativität – sei es in Form eines »Nein« oder »Nichts« – ist ein Topos, der unsere Kulturgeschichte seit jeher durchzieht. Der Aufklärer und Philosoph Jean-Jacques Rousseau etwa beschreibt in seinem Buch *Emile oder Über die Erziehung* sehr fein jenen Verhaltensimperativ, durch den sich das weibliche Subjekt herausbildet: Zentral für die bürgerliche Frau ist – obacht, liebe Feministinnen und Feministen – demnach ihre Fähigkeit des Neinsagens, der Widerstand gegen die sexuelle Lust des Mannes. »Der Mund sagt immer Nein und muß es sagen«, so Rousseau. »Zurückhaltung« und »Scham« der Frau stehen der »Kraft« des Mannes gegenüber, setzen seinem sexuellen Willen Grenzen. Sie »stößt ihn immer zurück und verteidigt sich«, um ihn durch gekonnte Koketterie im rechten Augenblick herauszufordern und zur Jagd zu animieren. Aber natürlich nur im rechten Augenblick, ergo: beim Richtigen. Eine Frau, so wird Rousseau nicht müde zu betonen, die ihren sexuellen Appetit nicht zu zügeln weiß und schamlos Männer verschlingt, untergräbt die Grundfesten der Gesellschaft, »löst die Familie auf und bricht alle Bande der Natur«. Was für Tierweibchen der Instinkt ist – sie lassen sich nur zu bestimmten Zeiten und zum alleinigen Zwecke der Fortpflanzung begatten –, ist für Frauen die Kunst des Neinsagens.[4]

»Thank you in advance, I don't wanna dance/I don't need your hands all over me«, singt die US-Amerikanerin Meghan Trainor in ihrem Song *No* und offenbart damit auf traurige Weise die bleibende Wirkmächtigkeit eines althergebrachten Frauenbildes, das sich allein über das Nein definiert: »My name is No, my sign is No, my number is No« – mehr Selbstverneinung geht nicht. Eine an das Ja gekoppelte Weiblichkeit gibt es in der patriarchal geprägten bürgerlichen Kultur entsprechend nur in zwei Varianten: zum einen als pornographisches Phantasma, das einzig dazu dient, die männliche Macht zu spiegeln. Oder – sofern das Ja mehr und etwas anderes ist als reine Unterwerfung – in pathologischer Ausprägung: »In der Erotik geht es darum, Ja zu sagen«, erklärt Joe, die selbstzerstörerische nymphomane Titelheldin in Lars von Triers Film *Nymphomaniac*. Joe, gespielt von Charlotte Gainsbourg, geht natürlich jämmerlich zugrunde an ihrer eigenen Lust. Eine bejahende, begehrende, selbstbewusste, autonome weibliche Sexualität ist, um mit Michel Foucault zu sprechen, das »Unsagbare«, »Ausgeschlossene«, und zwar aus macht- bzw. biopolitischen Gründen – auch wenn diese gern ontologisiert werden, sprich, sich aus dem Wesen der Frau zu ergeben scheinen.

So unmöglich ist die sexuell begehrende Frau, jedenfalls gesellschaftlich gesehen, dass ihr von einem kulturgeschichtlich überaus wirkmächtigen Diskurs, der Psychoanalyse, jede eigene sexuelle Position abgesprochen wird. So heißt es in Sigmund Freuds Vorlesung *Die Weiblichkeit*: »Immerhin, die Zusammenstellung ›weibliche Libido‹ läßt jede Rechtfertigung vermissen. Es ist dann unser Eindruck, daß der Libido mehr Zwang angetan wurde, wenn sie in den Dienst der weiblichen Funktion gepreßt ist, und daß – um teleologisch zu reden – die Natur ihren Ansprüchen weniger sorgfältig Rechnung trägt als im Falle der Männlichkeit. Und das mag – wiederum teleologisch gedacht – seinen Grund darin haben, daß die Durchsetzung des biologischen Ziels der Aggression des Mannes anvertraut und von der Zustimmung des Weibes einigermaßen unabhängig gemacht worden ist.«[5] Heißt: Frauen haben keinen sexuellen Willen und nur in Ausnahmefällen einen Orgasmus. Dies wiederum soll seinen Grund in der Natur finden, denn die Fortpflanzung braucht nur die männliche, nicht aber die weibliche Lust.

Es ist daher kein Wunder, wie Freud weiter ausführt, dass die Frau den Mann um seinen Penis beneidet. Den Grund hierfür sieht er in einem anatomischen weiblichen Mangel: dem fehlenden männlichen Glied. Die Frau ist für den Mann daher eine wandelnde Kastrationsdrohung – weshalb sie, um von ihm begehrt zu werden, das bedrohliche Nichts durch fetischisierte Schönheit zu verhüllen hat.

In den Schriften des französischen Psychoanalytikers Jacques Lacan, der Sigmund Freud geistig beerbte, kulminiert diese Logik in dem Satz: »So paradox diese Formulierung sein mag, wir behaupten, dass die Frau (…) einen wesentlichen Teil der Weiblichkeit, namentlich all ihre Attribute, in die Maskerade zurückbannt. Ausgerechnet um dessentwillen, was sie nicht ist, meint sie, begehrt und zugleich geliebt zu werden.« Noch zugespitzter: »LA femme n'existe pas.« (»DIE Frau existiert nicht.«)[6] Das weibliche Geschlecht ist das Abwesende, ein furchterregendes und peinliches Fehl. Die Frau hat ein Nichts zwischen den Beinen, aus dem entsprechend nichts, weder ein eigenes Begehren noch eine eigene Subjektivität, folgt.

Diese Diskurse sind alt. Und doch scheint es, als erschöpfe sich das Verhältnis von Mann und Frau auch im 21. Jahrhundert noch darin, sich im Kern gegenseitig abzuwehren: Die Frauen halten sich die Männer durch »Nein-heißt-nein« und andere Hashtags vom Hals, die Männer wiederum wehren die Frau als Frau ab, indem sie deren Lust wahlweise pathologisieren oder diese »in die Maskerade zurückbannen«, sprich: den vermeintlichen Mangel hinter Schminke, Gefälligkeit und sorgfältig überkreuzten Beinen versteckt wissen wollen.

Es wäre an der Zeit, dass an die Stelle dieser tieftraurigen Verteidigung des Eigenen ein wechselseitiges Erkennen, eine absolute Hinwendung zum Anderen träte. Wir brauchen zwei potente Geschlechter, die sich in der Fülle begegnen. Denn um wie viel reicher wäre eine Kultur, der eine Gleichberechtigung auch im Sexuellen gelänge?

Was will die Frau?

Aus der Initiative #neinheißtnein hervorgegangen ist ein ver-
schärftes Sexualstrafrecht. So wie der Hashtag ist auch das
Gesetz selbst ambivalent. 2016 eingeführt, um Frauen zu
stärken, schreibt diese Verschärfung gleichzeitig ein altes,
bestens bekanntes Weiblichkeitsstereotyp fort: Der weibliche
Wille ist alles andere als offenkundig, deshalb müssen wir ein
Gesetz erfinden, das die Frau vor folgenreichen Fehldeutun-
gen ihres Willens ausreichend schützt.

Bis 2016 lautete Paragraph 177 des deutschen Strafgesetz-
buches wie folgt: »Wer eine andere Person mit Gewalt, durch
Drohung mit gegenwärtiger Gefahr für Leib und Leben oder
unter Ausnutzung einer Lage, in der das Opfer der Einwir-
kung des Täters schutzlos ausgeliefert ist, nötigt, sexuelle
Handlungen des Täters oder eines Dritten an sich zu dulden
oder an dem Täter oder einem Dritten vorzunehmen, wird mit
Freiheitsstrafe nicht unter einem Jahr bestraft.«

Die neue Fassung des Paragraphen nun dreht an einer ent-
scheidenden Schraube: Nicht die »Gewalt« gegen die Frau,
sondern die Missachtung ihres »Willens« wird unter Strafe
gestellt. Wörtlich heißt es: »Wer gegen den erkennbaren Willen einer anderen Person sexuelle Handlungen an dieser Person vornimmt oder von ihr vornehmen lässt oder diese Person
zur Vornahme oder Duldung sexueller Handlungen an oder
von einem Dritten bestimmt, wird mit Freiheitsstrafe von
sechs Monaten bis zu fünf Jahren bestraft.« Darüber hinaus
macht sich strafbar, wer »ausnutzt, dass die Person nicht in
der Lage ist, einen entgegenstehenden Willen zu bilden oder
zu äußern, es sei denn, er hat sich der Zustimmung dieser
Person versichert«. Rechtlich belangbar ist auch, wer sich zu-
nutze macht, dass eine Person »auf Grund ihres körperlichen

oder psychischen Zustands in der Bildung oder Äußerung des Willens erheblich eingeschränkt ist«.

Begründet wird diese Konzentration auf den »Willen« vor allem mit dem folgenden Argument: Frauen, die sich mit einem gewalttätigen Mann konfrontiert sehen, verfallen nicht selten in eine Angststarre. Sie sagen nichts, wehren sich nicht, lassen den Akt schweigend über sich ergehen.

Nun stelle ich natürlich nicht in Abrede, dass eine solche Angststarre existiert. Aber ist dieser Tatbestand nicht bereits durch den alten Sexualstrafrechtsparagraphen abgedeckt? Wer wollte bestreiten, dass es sich, wenn ein Mann sich an einer vor Angst erstarrten Frau vergeht, um eine »Ausnutzung einer Lage« handelt, »in der das Opfer schutzlos ausgeliefert ist«? Die Expertenmeinungen gehen an dieser Stelle auseinander. Während die einen behaupten, dass das alte Gesetz ausgereicht habe und lediglich in vielen Fällen falsch angewendet worden sei, behauptet die andere Seite, das neue Gesetz schließe eine Schutzlücke.

Man muss an dieser Stelle auf einen für unseren Zusammenhang relevanten Mechanismus des Rechts aufmerksam machen: Zentrale Aufgabe des Rechts ist es, Rechtssubjekte zu schützen, in diesem Falle vor allem die Frau. Indem das Recht dieser Funktion nachkommt, sagt es aber gleichzeitig viel darüber aus, wie dieses Rechtssubjekt beschaffen, was ihm zuzumuten und nicht zuzumuten ist – und schreibt es so, nolens volens, in seinem Sein fest. Nehmen wir die letzte Passage des neuen Strafrechtsparagraphen, den Hinweis auf Personen also, die »auf Grund ihres körperlichen oder psychischen Zustands in der Bildung oder Äußerung des Willens erheblich eingeschränkt« sind. Man könnte annehmen, hiermit seien Kinder oder psychisch Kranke gemeint, die in der Tat eines besonderen Schutzes bedürfen, weil sie aufgrund ihres Alters oder ihrer Erkrankung als nicht voll willensfähig gelten. Aber nein, gemeint sind erwachsene Menschen, und zwar – denn für sie wurde die Verschärfung maßgeblich vorgenommen – vor allem Frauen. Der Hashtag-Feminismus nimmt diese Parallelisierung von Frauen mit Kindern, Kranken, Behinderten etc. in Kauf, ja, heißt sie sogar gut, ohne die damit verbundene Gefahr paternalistischer Degradierung zu sehen.

Mit der neuen Gesetzgebung gehen darüber hinaus praktische Probleme einher. So wird mutmaßlich schwer zu beweisen sein, dass ein Mann einen nicht artikulierten Willen missachtet hat. Und wann genau bedarf es eines expliziten Ja, weil die betreffende Person nicht »in der Lage« ist, ihren »entgegenstehenden« Willen zu äußern? Es liegt auf der Hand, dass diese Formulierungen einigen Spielraum lassen und tief in Intimbeziehungen hineinreichen. In krisenhaften Phasen auch ohne jede Nötigungsabsicht miteinander zu schlafen hieße dann zumindest, dass man hermeneutisch sehr wachsam sein muss. Die Freud'sche Frage »Was will das Weib?« erhält plötzlich wieder Relevanz und wird zum Zünglein an der Waage: Was will es denn wirklich?

Der zuverlässigere Schutz vor Gewalt, den das neue Gesetz gewährleisten soll, wird nolens volens mit dem Preis einer paternalistischen Einmischung des Staates ins Privateste erkauft. So hat die Gesetzesverschärfung Einfluss darauf, wie wir Sex zukünftig verstehen und praktizieren werden. Sicher, auch das – begrüßenswerte! – gesetzliche Verbot von Vergewaltigung in der Ehe hatte konkrete Auswirkungen auf den real existierenden Geschlechtsverkehr, doch im neuen Sexualstrafrecht geht es nicht nur um Vermeidung von Gewalt, sondern, weit mehr, im Grunde um eine permanente Zusicherung, dass man diese oder jene Handlung jetzt, in diesem Augenblick, auch wirklich will. Tatsächlich ist die neue Version des §177 StGB näher an einem »Ja heißt Ja« (das in Kalifornien und Schweden bereits rechtliche Realität ist) als an einem »Nein heißt Nein«, denn schließlich muss, wie gesagt, nicht nur der Unwille, sondern in bestimmten Situationen auch die »Zustimmung« klar identifizierbar sein.

Aber in welchen Abständen muss dieses Ja erneuert werden? Reicht eine Äußerung beim Vorspiel? Oder fragen wir vorsichtshalber lieber alle fünf Minuten »Ist das für dich okay«? Und bezieht sich das zustimmende Kopfnicken auf diese Frage nur auf den Kuss oder doch auch auf das Berühren der Brust? Im schönsten Fall vergessen sich Menschen beim Sex, sie verlieren sich, treten aus sich heraus – genau das meint das Wort »Ekstase«. Wer zu jedem Knopföffnen erst seine Zustimmung geben muss, ist zu ekstatischem Selbstverlust nicht in der Lage.

Noch schwerer wiegt die Tatsache, dass der emanzipatorische Effekt einer Ja-heißt-Ja-Regelung fundamental fraglich ist; wiederholt sich hier doch das Schema des offensiv-potenten Mannes, der sich sexuell befriedigen will, und einer Frau, die ihm entweder die Erlaubnis hierfür erteilt oder sie ihm verweigert. In den Worten Slavoj Žižeks läuft diese Argumentation letztlich darauf hinaus, dass eine Frau »in eine noch viel erniedrigendere Position gebracht wird. Sie muss, überspitzt formuliert, zugeben, dass sie von einem Mann flachgelegt werden will – im Grunde muss sie das Äquivalent einer öffentlichen Erklärung hierfür abgeben.«[7]

Zu guter Letzt noch ein Wort zur tiefen Ambivalenz des menschlichen Willens selbst. Denn will mein Wille wirklich immer nur mein Bestes? Wie heißt es so schön: »Protect me from what I want.« So kann es passieren, dass eine Frau sich einem Mann – oder auch mehreren – auf eine Weise hingibt, die sie im Nachhinein bereut. Die Verantwortung für ein solches Handeln kann ihr niemand abnehmen, auch kein Gesetz.

Kritik von Lebensformen

Es ist symptomatisch für den Feminismus dieser Tage, dass er sich Frauen zu Ikonen erwählt, die das Gegenteil einer selbstbestimmten, emanzipierten Sexualität darstellen. Das feministische Argument: Auch Frauen, die männliche Phantasmen verkörpern, müssen durch das Gesetz vor Übergriffen geschützt sein. Und wenn der gesetzliche Schutz nicht ausreicht, muss man die Gesetze eben verschärfen.

Tatsächlich war für das Hauruckverfahren, mit dem das neue Sexualstrafrecht im Jahr 2016 auf den Weg gebracht wurde, nicht nur »Köln« ausschlaggebend, jene Silvesternacht, in der mutmaßlich vor allem aus Nordafrika stammende Männer Frauen umzingelten, begrapschten, nötigten, ohne dass die Polizei einschritt. Ausschlaggebend für die Neufassung des Paragraphen 177 war auch der Fall Gina-Lisa Lohfink. Im Sommer 2016 wurde das Model in erster Instanz wegen Falschaussage verurteilt; mittlerweile auch in zweiter. Lohfink habe, hieß es bereits in erster Instanz, zwei Männer zu Unrecht der Vergewaltigung bezichtigt; K.-o.-Tropfen, die die Männer ihr angeblich verabreicht hätten, seien nicht nachweisbar, Lohfink sei in jener Nacht bei vollem Bewusstsein gewesen, in Wahrheit habe es sich um einvernehmlichen Sex gehandelt. Im Handumdrehen bildete sich ein aus Feministinnen bestehendes #TeamGinaLisa. Der Hintergrund: In einem Video, das die Männer in der fraglichen Nacht drehten, sagt Lohfink mehrmals: »Hör auf.« Die Lohfink-Unterstützerinnen deuteten diese Äußerung als klares Nein, das von den Männern sträflich übergangen worden sei – und also umso dringender auf die Notwendigkeit einer neuen Gesetzgebung hinweise. Auch Familienministerin Manuela Schwesig unterstützte Lohfink und die Forderung nach einer Verschärfung des Sexualstrafrechts. Letztere erfolgte dann, wie wir wissen, wenige Wochen später tatsächlich.

Der Öffentlichkeit bekannt wurde Gina-Lisa Lohfink zunächst durch ihre Mitwirkung an *Germany's Next Topmodel*, jener von Heidi Klum geführten Casting-Show, die patriarchale Weiblichkeitsstereotype in krassester Form am Fließband reproduziert und Frauen auf einen Status gefallsüchtiger Sexobjekte reduziert. Frau Lohfink selbst erhielt auch schon einmal eine Rüge des Deutschen Werberates: Die Werbung für den Elektrohändler Redcoon, an dem Lohfink mitwirkte, suggeriere ein fragwürdiges Frauenbild, demzufolge Frauen billig zu haben seien.

Nun muss eine Frau selbstverständlich auch dann durch das Gesetz geschützt werden, wenn sie sich Silikonbrüste zugelegt hat und sich wie eine Barbiepuppe ausstaffiert. Dass aber ausgerechnet Lohfink zur Heldin stilisiert wurde, offenbart ein Kernproblem des Hashtag-Feminismus: Er erwartet alles vom Staat und nichts von den Frauen. Was bitte ist heldinnenhaft an einer Frau, deren oberstes Ziel darin besteht, Männern zu gefallen? Man muss es so klar sagen: Wer an *Germany's Next Topmodel* mitwirkt, verrät und negiert zentrale Errungenschaften des Feminismus. Jahrzehntelang haben Frauen hart daran gearbeitet, andere Weiblichkeitsbilder zu etablieren – man denke an die grandiose »Feministische Avantgarde« der 1970er-Jahre, als Künstlerinnen wie Hannah Wilke, Cindy Sherman, Valie Export oder Ulrike Rosenbach mit ihrer Kunst patriarchale Imaginationen von Weiblichkeit offensiv aufbrechen wollten.

In ihrem Buch *Kritik von Lebensformen* fordert die Philosophin Rahel Jaeggi, ein altes philosophisches Tabu anzutasten: Wir müssen uns endlich wieder über Lebensformen streiten. Lebensformen, zeigt Jaeggi, sind sehr wohl kritisierbar, auch wenn Philosophen jahrhundertelang das Gegenteil behauptet haben. So galt von Kant bis Habermas, dass jeder Mensch selbst entscheiden müsse, wie er lebe. Man könne zwar über das moralisch Richtige streiten, nicht aber über das gute Leben, weil eine Diskussion darüber in Bevormundung ausarten könne.

Jaeggi dagegen meint zu Recht, dass Moral und Ethik sich nicht so einfach trennen lassen. Geschlechterrollen, die wir im Alltag leben, sind immer auch politisch. Und als solche sind sie ein Gradmesser für Fortschritt – oder auch für Rückschritt. Lebensformen, so Jaeggi, sind letztlich »Problemlösungsinstanzen«. Gelungene Lebensformen zeichnen sich der Philosophin zufolge dadurch aus, dass wir durch sie imstande sind, auf gesellschaftliche Herausforderungen produktiv und offensiv zu reagieren.[8]

Legt man dieses Kriterium an, verkörpert Lohfink eine rückschrittliche, regressive Lebensform. Sie reagiert weder auf zentrale gesellschaftliche Herausforderungen, noch löst sie drängende Probleme, sondern schlägt Kapital aus reiner Affirmation männlicher Phantasmen. Im 21. Jahrhundert sollten sich Frauen aber nicht nur auf die schützende Hand von Vater Staat verlassen, sondern haben, um es mit Kant zu sagen, auch eine »Pflicht gegen sich selbst«. Das heißt: Auch Frauen sind verpflichtet, sich aus der selbstverschuldeten Unmündigkeit zu befreien und die ihnen durch jahrhundertelangen Emanzipationskampf bereitgestellte Möglichkeit zu einer selbstbestimmten Existenz willentlich zu ergreifen oder dies zumindest ernsthaft zu versuchen.

Zu einer solchen selbstbestimmten Existenz gehört ganz wesentlich, gegenüber der althergebrachten, problematischen Verbindung von Weiblichkeit und Negativität eine neue, von Positivität getragene weibliche Position zu stärken. Solch eine Position definiert sich weder darüber, dass sie den Mann in seine Schranken weist, noch gibt sie sich in blinder Bejahung des männlichen Begehrens selbst auf (beides sind lediglich zwei Seiten ein und derselben Medaille). Genau hier, im Kampf um eine selbstbestimmte Weiblichkeit, liegt die individuelle Verantwortung jeder einzelnen Frau. Es reicht nicht, den Gesetzgeber über sexuelle Selbstbestimmung wachen zu lassen. Nein, Autonomie muss auch gelebt werden. Von dieser Pflicht kann – und sollte – uns das Recht nicht befreien.

Kampf ums Subjekt

Der zeitgenössische Hashtag-Feminismus, so viel wurde bisher deutlich, reproduziert ein patriarchales Welt- und Weiblichkeitsbild. Anstatt Frauen in die Potenz zu bringen, weist er sie als hilflos und, sexuell gesehen, als Negativität aus. Die Frau selbst begehrt in dieser Sichtweise nicht, ihre Sexualität erschöpft sich darin, den Mann entweder abzuwehren oder ihm bis zur Selbstaufgabe zu gefallen. Ein klar artikulierter Wille oder Unwille, gar ein offensiver Widerstand gegen männliche Avancen wird einer erwachsenen Frau nicht grundsätzlich zugetraut. Auch bei verbalen Übertretungen besteht ihre einzige Chance in der Lesart des heutigen Feminismus darin, sich allenfalls hinterher zu beklagen, was ihr dann von Bewegungen wie #aufschrei oder #metoo als grandioser emanzipatorischer Akt angerechnet wird.

Diese besorgniserregende Stagnation der feministischen Entwicklung mag erstaunen. Warum scheint das emanzipatorische Potenzial, das im Zuge der zweiten feministischen Welle mit Schriften von Frauen wie Luce Irigaray oder Hélène Cixous hervorbrach, so vollständig versiegt zu sein?

Eine Antwort auf diese Frage findet sich, wenn wir uns den dominierenden feministischen Diskurs der letzten Jahrzehnte vergegenwärtigen. Gemeint ist der dekonstruktive Feminismus, dem unbestritten hohe Verdienste zuzuschreiben sind. Doch diese Verdienste hatten einen hohen Preis. Was durch diesen Feminismus nämlich verloren gegangen ist, ist eine offensive Stärkung des Subjekts »Frau«. Das zentrale Buch des dekonstruktiven Feminismus war *Gender Trouble* (1990) von der amerikanischen Philosophin Judith Butler, auf deutsch unter dem Titel *Das Unbehagen der Geschlechter* erschienen. Das Buch denkt den Feminismus der ersten und zweiten Welle radikal weiter. Butlers zentrale These: Wir müssen aufhören, weiterhin naiv von »Männern« und »Frauen« zu sprechen. Denn solange wir meinen, es gäbe so etwas wie eine natürliche Zweiteilung der Geschlechter, bleiben wir in einer männlichen Logik gefangen. Mit dieser Forderung wendet sich Butler entschieden und durchaus hellsichtig gegen eine Essenzialisierung der Frau; gegen die Behauptung also, es gebe so etwas wie ein weibliches (oder männliches) Wesen. In diesem Zusammenhang nimmt Butler nicht nur die Psychoanalyse, sondern auch den feministischen Differenzfeminismus, der an einer Unterscheidung von männlich und weiblich festhielt, kritisch in den Blick. So hatten Feministinnen wie Simone de Beauvoir zwar durchaus erkannt, dass das soziale Geschlecht konstruiert und veränderbar ist – »Man kommt nicht als Frau zur Welt, man wird es«, so Beauvoirs berühmter Satz aus ihrer Schrift *Das andere Geschlecht*.[9] Was die französische Philosophin damit meinte: Die weibliche Rolle beispielsweise als Mutter oder Geliebte ist uns nicht in die Wiege gelegt; wir sind nicht von Natur aus fürsorglich oder rücksichtsvoll, sondern werden zu Wesen mit ebendiesen Eigenschaften erzogen, wir werden als Frauen sozialisiert. Die Existenz eines biologischen Geschlechts aber stellte Beauvoir nicht in Frage. Männer haben einen Penis, Frauen eine Vulva. Männer können zeugen, Frauen empfangen und gebären. Butlers Einwand dagegen lautet nun, diese vermeintlich nüchternen biologischen Fakten seien nicht neutral und unschuldig, und es stehe auch nirgends geschrieben, dass man die Menschheit auf diese Weise, nämlich gemäß ihrer Fortpflanzungsorgane, klassifizieren müsse. Wäre nicht auch eine ganz andere Einteilung denkbar? Solange man »Frauen« dadurch von »Männern« unterscheide, dass sie Kinder zur Welt brächten, schreibe man sie fest auf eine Natur, die an die Fortpflanzungsfunktion gekoppelt sei und sich, nolens volens, auch in soziales Verhalten übersetze.

In der Tat: Wenn Kriterien wie Gebärfähigkeit den Kern des weiblichen Wesens ausmachen, dann gelten »Frauen«, die keine Kinder wollen oder haben können und/oder keine mütterlichen Eigenschaften wie Fürsorglichkeit oder Rücksichtnahme aufweisen, schlicht nicht als normal, ja, sie sind im Grunde keine Frauen. Anders gesagt: Frauen, die arbeiten, anstatt Kinder großzuziehen, sind gemäß dieser Wesensdefinition mangelhaft, defizitär. Ganz zu schweigen von Frauen, die sich für Männer überhaupt nicht interessieren.

Folgerichtig kritisiert Butler eine »heterosexuelle Matrix«, der wir alle gehorchen, solange wir durch blindes Festhalten an biologischen Unterschieden eine vermeintlich natürliche heterosexuelle Geschlechtsidentität festschreiben. Wofür Butler mithin plädiert, ist ein Aufbrechen ebendieser Identitäten: An die Stelle traditioneller Weiblichkeit und Männlichkeit solle die queere Körperinszenierung treten, eine lustvolle Überschreitung althergebrachter Geschlechternormen also.[10]

Ich weiß noch genau, welch tiefen Eindruck die Lektüre von *Gender Trouble* bei mir in den 1990er-Jahren hinterließ. Ich war damals Mitte zwanzig, hatte schon einige mehr oder minder glücklose Beziehungen mit Männern hinter mir, und je mehr ich mich mit Judith Butler beschäftigte, desto klarer meinte ich zu sehen, dass eine wahrhaft emanzipatorische Befreiung nur in einer homosexuellen Lebensform bestehen könne. Ich begann mithin, nicht nur meine konkreten Liebesverhältnisse, sondern auch meine Heterosexualität selbst als hochproblematisch wahrzunehmen, und zog den mir einzig naheliegenden Schluss: Du musst dein Begehren ändern. Und eine Frau finden. Trotz beherzter Versuche misslang beides.

Der dekonstruktive Feminismus hat, unbestritten, Bahnbrechendes geleistet, indem er zu zeigen vermochte, wie problematisch sich die unbefangene Annahme eines biologischen Geschlechts auswirkt. Doch hat er das Kind mit dem Bade ausgeschüttet. Butler weist nämlich nicht nur auf die Gefahren eines biologistischen Essenzialismus hin, sondern sie entzieht darüber hinaus der weiblichen Position gleich jede Grundlage. Wie sagte Jacques Lacan? »DIE Frau existiert nicht.« Judith Butler hat sich in ihrem Buch tief und klug mit dieser fragwürdigen psychoanalytischen Position auseinandergesetzt und sie von innen heraus dekonstruiert, doch in letzter Konsequenz wiederholt sie Lacans Satz – wenn auch mit anderem Vorzeichen und mit einer anderen Intention. Und mit verheerender Konsequenz: Das Subjekt Frau existiert nicht – und also auch keine weibliche Potenz.

Haben wir also nur die Wahl zwischen Dekonstruktion oder essenzialistischer Festschreibung des Weiblichen? Gibt es nicht eine bislang von den Frauen viel zu wenig erwogene oder gar genutzte Chance, ihre Position angemessen zu definieren?

Im Folgenden will ich einen dritten Weg aufzeigen – nennen wir ihn den Weg des Experienzialismus: der leiblichen Erfahrung.

Phänomenologie der Weiblichkeit

Dekonstruktion und Essenzialismus sind, so haben wir gesehen, unzureichende Alternativen. Während Erstere das Subjekt »Frau« ausstreicht und die heterosexuelle Position abwertet, ist Letztere ein gefährliches Unterdrückungs- und Ausschlussinstrument – wer die Frau auf ein Wesen festlegt, pathologisiert alle, die diesem vermeintlichen Wesen nicht entsprechen.

Der hier nun vorgeschlagene dritte Weg will beides umgehen. Weder erklärt er, so wie der dekonstruktive Feminismus, Weiblichkeit und Männlichkeit zu reinen Konstruktionen, noch redet er einer gefährlichen Eigentlichkeit das Wort. Der Vorschlag, den ich hier machen möchte, orientiert sich an einer philosophischen Denkströmung namens »Neue Phänomenologie«.

Wie der Name schon sagt, geht es Phänomenologinnen und Phänomenologen nicht um Wesenhaftigkeit, sondern um Phänomene, sprich: Erscheinungen. Nicht das Sein, sondern der Schein ist die Grundlage der Erkenntnis. Nehmen wir, um das Verfahren zu illustrieren, einen Stein. Wenn ich phänomenologisch an diesen Gegenstand herantrete, unterstelle ich ihm kein feststehendes, unabhängig von Zeit und Raum universal existierendes Wesen. Ich unterstelle keine platonische Idee des Steins, die meiner sinnlichen Wahrnehmung vorausgeht. Vielmehr schaue ich den Stein an – ganz genau. Ich betaste ihn, rieche an ihm, werfe ihn vielleicht in die Luft und beobachte seinen Aufprall … und komme so durch Erfahrung zu einer Phänomenologie des Steins, zu einer Beschreibung seiner Wirklichkeit, die sich von der Wirklichkeit eines Gummiballs unterscheidet (auch wenn es Schnittmengen gibt).

Problematisch an dieser traditionellen Phänomenologie ist allerdings, dass Beobachtungen sich durchaus derart verdichten können, dass sie in eine Essenzialisierung münden. Nehmen wir etwa Freud, der in seiner Vorlesung *Die Weiblichkeit* sagt, er wolle nicht zeigen, was die Frau sei; doch wie wir wissen, führen ihn seine genauen Studien der weiblichen Anatomie schlussendlich doch zu einem Wesen der Frau, das sich unter anderem durch eine fehlende Libido auszeichnet: Anatomie ist Schicksal.

Die Neue Phänomenologie nun stellt nicht die wissenschaftliche Studie, nicht die äußere Betrachtung, sondern das subjektive Erleben in den Mittelpunkt. Anders gesagt: Nicht der Körper, sondern der Leib ist für diese Denkrichtung zentral. Körper und Leib: Das ist eine für unseren Zusammenhang wichtige Unterscheidung. Der Körper ist, phänomenologisch gesehen, das, was wir von außen beobachten können. Er lässt sich einordnen, messen, medikamentieren, heilen. Der Leib hingegen ist das, was wir von innen wahrnehmen. Er bezeichnet das subjektive Gefühl, in einer ganz bestimmten Haut zu stecken. Wie also stellen sich Weiblichkeit und Männlichkeit als innere Erfahrung dar? Wie lassen sich diese beiden Größen leibesphänomenologisch voneinander unterscheiden?

Natürlich existiert die Gefahr, dass jede leibliche Differenz, die jetzt benannt wird, wiederum nicht aus der unmittelbaren Erfahrung selbst resultiert, sondern nur der Effekt kultureller Überformung ist. Nehmen wir zum Beispiel an, Frauen empfinden ihren Leib vermehrt als stark verwoben mit der Umwelt, während Männer ihn eher als abgeschlossen erfahren: Hängt diese unterschiedliche Wahrnehmung nun mit der Beschaffenheit der Leiber selbst zusammen – oder nicht doch eher mit gesellschaftlichen Bildern von Weiblichkeit und Männlichkeit, die wir alle tief in uns tragen? Fest steht zumindest, dass es offensichtlich Erfahrungen gibt, die ein Mensch nie macht, wenn er einen Penis hat, und umgekehrt solche, die allein dem männlichen Leib vorbehalten sind. Ein Mensch mit Vulva wird, auch wenn er sich einen Dildo umschnallt, nicht erfahren, wie es ist, wenn das Glied steif wird, in einen anderen Körper eindringt und ejakuliert. Und ein Mensch mit Penis kann nicht wissen, wie sich ein vaginaler oder klitoraler Orgasmus, wie sich Menstruation, Schwangerschaft, Geburt und das Stillen eines Babys anfühlen. *What Is It Like To Be a Bat?* heißt ein berühmter Aufsatz des Philosophen Thomas Nagel aus dem Jahr 1974: »Wie ist es, eine Fledermaus zu sein?« Nagels Antwort: Nie wird ein Mensch erfahren, wie sich das Erleben aus der Perspektive eines solchen Tiers darstellt. Und auch ein Mann wird nie wissen, wie es ist, eine Frau zu sein (und umgekehrt), weil er nicht über denselben Leib verfügt. Dieses Nichtwissen stellt die Geschlechter vor eine weithin unterschätzte Aufgabe – nämlich die, trotz der Leibesdifferenz den Versuch zu unternehmen, sich an die Stelle des beziehungsweise der anderen zu versetzen.

Um zwei naheliegende Einwände gegen den phänomenologischen Ansatz an dieser Stelle zu entkräften: Natürlich sind wir heute in der Lage, das Geschlecht durch einen operativen Eingriff zu verändern. Doch dies ist wiederum eine ganz eigene leibliche Erfahrung. Ein Mann, der früher eine Frau war, hat nicht den gleichen Leib wie ein Mann, der schon immer ein Mann war. Selbst wenn der Geschlechtswechsel perfekt und kein Unterschied zwischen einem künstlichen und natürlichen Geschlechtsteil zu spüren wäre, ist doch die jeweilige Erfahrungswelt eine andere, weil die Geschichte eine andere ist. Auch das Argument, das Konzept der Leiblichkeit habe ausgedient in einer Welt, die immer stärker zu Künstlichkeit strebt, lässt sich schnell aushebeln.

Zwar ist es denkbar, dass früher oder später alle reproduktiven Tätigkeiten an Maschinen ausgelagert und Menschen sich mit einem Austausch von Körperflüssigkeiten möglicherweise gar nicht mehr befassen werden, doch solange wir Leib sind, müssen wir über ihn reden. Wenn die Bewegung #metoo eines gezeigt hat, dann das.

Ziehen wir nun Schlüsse aus diesem kleinen phänomenologischen Exkurs. Erstens: Was Männlichkeit und Weiblichkeit unterscheidet, ist die unbestreitbare Exklusivität ganz bestimmter, leiblich gebundener Erfahrungen sowie die faktische Unmöglichkeit, sich den Erfahrungsraum des jeweils anderen Geschlechts vollständig zu erschließen (partiell funktioniert es sicherlich, vielleicht sogar größtenteils, aber eben nie ganz). Männer können nicht wissen, wie es ist, eine Vulva zu haben, und sie wissen in aller Regel auch nicht, wie es ist, von Blicken taxiert oder von Pfiffen verfolgt zu werden. Frauen wissen umgekehrt nicht, wie es sich anfühlt, einen Penis zu besitzen, ein Organ mithin, das die längste Zeit der Menschheitsgeschichte Macht symbolisierte. Insofern lässt sich aus dem phänomenologischen Ansatz eine geschlechterpolitisch relevante Ethik ableiten: Die genannten Differenzen machen das direkte Gespräch, die konkrete Auseinandersetzung nur umso notwendiger. »What is it like to be …?« Nur wenn Männer und Frauen sich diese Frage gegenseitig stellen und um wechselseitiges Verstehen bemüht sind, kann ihr Verhältnis gelingen.

Zweitens: Der Begriff der Leiblichkeit setzt dem Phantasma der Flexibilität – welches der Dekonstruktivismus übrigens mit dem Kapitalismus teilt – eine klare Grenze. Der Stoff ist nicht unendlich formbar. Weder können wir unser Begehren beliebig ändern, noch ist der Leib grenzenlos flexibel. Oder um es mit Karl Marx zu sagen: Der Leib ist ein »Naturhindernis«.

Drittens: Legt der dekonstruktive Feminismus die Annahme nahe, dass nur Homosexualität und Queerness einen Weg in eine selbstbestimmte Sexualität eröffnen, spricht der von mir vorgeschlagene Experienzialismus auch der heterosexuellen Weiblichkeit diese Möglichkeit zu. Eine emanzipierte Frau ist nicht notwendigerweise queer oder lesbisch. Vielmehr birgt die Gleichsetzung von Homosexualität und Emanzipation ihrerseits einen Ausschlussmechanismus, den der dekonstrukive Feminismus doch eigentlich gerade verhindern will.

Damit ist aber keineswegs gemeint, dass sich ein (fürsorgliches, beziehungsorientiertes etc.) »Wesen der Frau« aus ihrer Vulva ableitet respektive darin besteht, Kinder zu gebären. Vielmehr sage ich, dass bestimmte Erfahrungen ausschließlich in der Potenz der Frau – und nicht in der des Mannes – liegen. Nur die Frau hat eine Gebärmutter. Nur sie kann gebären. Um es mit Hannah Arendt zu sagen: Die Kraft der »Natalität«, des Gebärens, liegt allein in ihrer Macht. Und zwar ganz unabhängig davon, ob sie diese leibliche Möglichkeit nun realisiert oder nicht.

Potentia

Der Begriff Potenz kommt vom lateinischen *potentia* und meint »Macht«, »Kraft«, »Vermögen«, »Fähigkeit«. Philosophisch ist mit *potentia* (diese Bestimmung geht auf Aristoteles zurück) zunächst einmal kein Akt, kein Tun gemeint, sondern eine nicht realisierte Möglichkeit: Holz *kann* brennen, aber es brennt gerade nicht. *Potentia* steht also im Gegensatz zum *actus*, der *realisierten Möglichkeit*: Dieses Holz brennt gerade.

Mein Begriff von Weiblichkeit (und entsprechend natürlich auch von Männlichkeit) knüpft an dieses aristotelische
Verständnis der Potenz an: Die potente Frau ist keine Frau,
die ihre Weiblichkeit umfassend in Wirklichkeit übersetzt,
sondern *die ihre Kraft vielmehr aus der Möglichkeit schöpft.* Ich
kann – aber ich muss nicht; Hauptsache, ich werde die, die
ich bin.

Die nichtrealisierte Option ist dabei nicht weniger wert als
die realisierte. Immerhin setzt ein bestimmtes Vermögen, das
wir nicht in die Tat umsetzen, umso mehr Kraft in anderen
Bereichen frei. Sigmund Freud spricht in diesem Zusammenhang von Sublimation – einer Veredelung des Triebs, der Ver-
wandlung von sexueller Energie in Arbeit. Deutlich wird hier,
wie eng Potenz und Akt ineinander verschlungen sind: Potent
zu sein – und hier kommen wir zum landläufigen Verständnis
von Potenz – bedeutet, von der Möglichkeit in die Aktivität zu
kommen; wie auch immer Letztere konkret aussieht.

So weit, so gut. Schaut man sich nun aber die gesellschaftliche Realität an, wird schnell deutlich, dass es Männern offensichtlich weitaus effektiver gelingt, die oben erwähnte
Kraft aus ihrer Möglichkeit zu ziehen. Sie sind es, die vor-
nehmlich Führungspositionen besetzen, ihre Karriere verfol-
gen, während Frauen, kaum ist das erste Kind da, oft wie von
Zauberhand im Privatraum verschwinden. Und offenbar sind
Männer auch in sexueller Hinsicht energetischer, aktiver als
Frauen – genau hierfür ist #metoo das eindrückliche Symp-
tom: Der Mann agiert, die Frau reagiert. Kurz gesagt: Während Männer ihre Optionen nutzen, bleiben Frauen auf verschiedenen Ebenen hinter ihren Möglichkeiten zurück, was
zu Frust und ebenjenem Machtverhältnis führt, das #metoo-
Aktivistinnen und -Aktivisten heute beklagen.

Tatsächlich ist der Begriff der Potenz klar männlich kon-
notiert. Der potente Mann ist kraftvoll, zupackend. Er kann

immer und weiß sehr genau, was er will. In der abendländischen Kulturgeschichte wurde die männliche Zielstrebigkeit zumeist biologisch begründet. Die lodernde Libido des Mannes (denken wir an das brennende Holz) findet eine Entsprechung, ja Ursache in der Aktivität des Samens, der die träge weibliche Eizelle penetriert. In der Antike war man gar der Auffassung, dass einzig und allein das männliche Sperma dem Embryo seine Form gibt. Die weiblich beigesteuerte Materie wurde hingegen radikal passiv gedacht.

Mittlerweile sind diese Ansichten weithin widerlegt, selbst die Auffassung einer trägen Eizelle kann keine Gültigkeit mehr beanspruchen. Immerhin muss die Zelle, um befruchtet zu werden, erst einmal den Eisprung und die Reise durch den Eileiter schaffen. Auch bei der Befruchtung selbst ist sie keineswegs nur passive Masse. Eher hat sie die Kraft eines Magnets: Durch die spezielle Biochemie ihrer Oberfläche wirkt sie anziehend auf Samenzellen. Was auch nötig ist, denn die männlichen Spermien streben keineswegs von selbst auf die Eizelle zu. Hat die Frau einen vaginalen Orgasmus, umso besser, denn dann werden die Spermien zusätzlich, nämlich durch die Kontraktionen der Gebärmutter, nach innen gezogen. Die Vorstellung, dass die Lust der Frau für die Fortpflanzung ganz und gar unwesentlich und also eine weibliche Libido von Natur aus nicht nötig sei, ist damit obsolet.

Erkenntnisse wie diese haben jedoch nach wie vor wenig Eingang in das kulturelle Bewusstsein, geschweige denn ins kollektive Unbewusste gefunden. Nach wie vor assoziieren wir Weiblichkeit allein schon biologisch mit Passivität. Tatsächlich offenbart sich die tief in uns allen sitzende Negierung einer sexuellen Potenz der Frau noch in der ganz alltäglichen Bezeichnungspraxis. Ein Beispiel: Meine Tochter hat gerade in der Schule Sexualkunde. Sie weiß alles über äußere und innere Schamlippen, Präputium, Klitoris, Vagina, Damm. Als ich sie aber fragte, welches Wort im Unterricht für das weibliche Genital verwendet werde, antwortete sie: »Ja, was wohl, Mama? Scheide!«

»Scheide« ist das wohl gängigste begriffliche Pendant zum männlichen »Penis«. Doch während der »Penis« das sichtbare Genital des Mannes bezeichnet, ist die »Scheide« nur ein sehr kleiner Teil des weiblichen Geschlechts, nämlich jene Öffnung, die den äußeren Teil – die Vulva – mit dem inneren Teil – Eierstöcke, Muttermund, Gebärmutter – verbindet. Eine Scheide ist, kurz gesagt, nicht mehr als ein Loch. Der passive Aufbewahrungsort eines Schwertes. Das weibliche Genital auf diese Negativität und Passivität zu beschränken, darin liegt der Kern des Problems. Keine Rede ist von der ganz eigenen Komplexität dieses Organs, keine Rede von seiner unabweisbaren Aktivität während des Sexualakts, keine Rede von der Welt, die sich hinter der Öffnung auftut. In eine sexuell erregte Frau wird nicht einfach nur ein Glied hineingeschoben, nein, sie umschließt, umfasst es; saugt es regelrecht an.

Durchaus bezeichnend ist insofern, dass die indogermanische Wurzel von Vulva *vel* ist – das bedeutet »umrunden, wickeln, drehen«. Eine Bedeutung, die auch in der »Revolution« steckt. Das Geschlecht der Frau – ein passives Organ? Was für ein Mythos. Die Vulva besitzt eine produktive, progressive, umfassende Kraft, die der männlichen – auch wenn sie andersartig ist – in nichts nachsteht.

Begraben wir also die Mär, dass der Mann qua Biologie offensiv und aktiv, die Frau hingegen defensiv und passiv sei. Nichts weist auf eine solche Einteilung der Geschlechter hin. Was die Frau historisch auf die Position der Schwäche verbannt hat, war nicht die Natur, sondern eine tiefsitzende alte Angst: die männliche Furcht vor der potenten Frau. Man denke an Medusa, jene Gorgonentochter aus der griechischen Mythologie, die größte Verführungskraft besaß und dafür enthauptet wurde; ihr abgeschnittener Kopf gilt bis heute als Symbol für das Grauen des weiblichen Geschlechts.

Tatsächlich lässt sich leicht zeigen, dass die männliche Furcht vor der weiblichen Potenz die Kulturgeschichte maßgeblich geprägt, ja geradezu hervorgebracht hat. Kein Zufall, dass der Frauenhasser Nietzsche das Gebären beständig gegen das Denken ausspielte und behauptete, dass geistig nur schwanger gehen könne, wer sich körperlich enthalte. Kein Geheimnis, dass das christlich geprägte Patriarchat die männliche Macht krampfhaft symbolisch festigte, weil bis vor Kurzem nur die Mutterschaft unbezweifelbar war und die väterliche Erblinie sich anders nicht zu behaupten wusste.

Die männliche Furcht vor der potenten Frau ist auch im Postpatriarchat noch nicht verschwunden. Was aber würde aus diesen letzten Resten angstgetriebener Dominanz, wenn es auf ein selbstbewusstes, souveränes, aktives weibliches Begehren stieße und nicht auf stumme, verschüchterte Passivität? In ihrem Buch *Das Lachen der Medusa* ermuntert die französische Psychoanalytikerin Hélène Cixous die Frau, sich aus ihrer sexuell unmöglichen Position zu befreien: »Verlangen zu empfinden, kein Verlangen zu empfinden; frigid zu sein, zu ›heiß‹ zu sein; nicht beides gleichzeitig zu sein; zu sehr Mutter zu sein und nicht genug; Kinder zu haben und keine Kinder zu haben; zu nähren und nicht zu nähren«: so gestaltet es sich, das weibliche Daseinsdilemma. Erst wenn die Frau, meint Cixous, einen Zugang gefunden hat zu den »riesigen, unter Verschluß gehaltenen Körperreiche(n)«, wird sie ihre ganze Kraft entfalten.[11] Und erst wenn sie sich dazu entscheidet, wach und willensstark in die Zukunft zu blicken, anstatt sich an die Opfererzählung der Vergangenheit zu klammern, wird sie dem Mann ebenbürtig sein – und seine Angst in Lust verwandeln.

Das Mögliche im Wirklichen

Während ich die #metoo-Debatte verfolgte, musste ich häufig an eine Stelle in Simone de Beauvoirs *Das andere Geschlecht* denken: »Die zur Immanenz verurteilte Frau versucht, den Mann in ihr Gefängnis hineinzuziehen. So setzt sie dieses mit der Welt gleich und leidet nicht mehr unter ihrem Gefangensein: die Mutter, die Ehefrau, die Liebende sind Kerkermeisterinnen. Die von Männergesetzen geordnete Gesellschaft erklärt die Frau für minderwertig. Sie kann diese Minderwertigkeit nur aufheben, indem sie die männliche Überlegenheit zerstört. So versucht sie mit allen Mitteln, den Mann zu verstümmeln und zu beherrschen, sie widerspricht ihm, sie negiert seine Wahrheit und seine Werte.«[12]

Beauvoir schrieb *Das andere Geschlecht* in den 1940er-Jahren. Damals waren die meisten Frauen tatsächlich zur Immanenz verurteilt, das heißt an Haus und Herd festgenagelt. Aber heute? Frauen sind rechtlich gleichgestellt. Es gibt Kitas und immer mehr Männer, die sich einbringen in die Reproduktionsarbeit. Wir haben eine Bundeskanzlerin und so viele Ministerinnen wie noch nie zuvor in der Geschichte. Es gibt Samenbänke, die Frauen eine Schwangerschaft auch ohne Vater ermöglichen. Bei genauerem Hinsehen bröckelt die männliche Macht an allen Ecken und Enden. Warum also dieses seltsame Festhalten am Opferdiskurs? Warum diese, um es mit Nietzsche zu sagen, »Sklavenmoral«, die jede Stärke entwertet und aus der eigenen Unterlegenheit moralische Überlegenheit zieht?

Um es noch einmal deutlich zu sagen: Natürlich gehören Männer, die Frauen vergewaltigen, hinter Gitter. Doch gegenwärtig werden auch Männer hinabgezogen, deren angebliche Schuld von einem solchen Verbrechen erstens weit entfernt und zweitens noch nicht einmal bewiesen ist. Und so weist das Zitat von Beauvoir klar und eindrücklich auf eine zentrale weibliche Entwicklungsaufgabe hin: Anstatt den Mann zu kastrieren, muss die Frau selbst in die Potenz finden: Aktion statt Reaktion. Positivität statt Negativität. Fülle statt Mangel. Anstatt dem Mann die Schuld für das Verharren in Passivität in die Schuhe zu schieben – beruflich, sexuell, existenziell –, kommt die potente Frau in die Lust. Sie begehrt und verführt, befreit sich aus der Objektposition, ist souveränes Subjekt auch der Schaulust. Anstatt die männliche Sexualität zu entwerten, wertet sie ihre eigene auf. Anstatt den Mann für seinen Willen zu hassen, befreit sie den ihren aus der jahrhundertelangen Latenz. Denn niemand kann sie von der Aufgabe entlasten, selbstbestimmt zu handeln. Niemand kann ihr abnehmen, die zu werden, die sie sein will.

Gewiss: Um Möglichkeiten zu ergreifen, bedarf es einer entsprechenden Wirklichkeit. Und noch sind wir von einer Gesellschaft, in der die Macht gerecht verteilt wäre, weit entfernt. Doch wir Frauen sind Teil dieser Wirklichkeit. Wir gestalten sie mit – aktiv, offensiv, umwälzend. Hören wir also auf, die männliche Macht zu stützen, indem wir uns schwächer machen, als wir sind. Fangen wir an, das Mögliche im Wirklichen zu realisieren. Und zwar genau jetzt.

Dank

Anja Kathrin Hild, Millay Hyatt, Alice Lagaay, Sabine Müller-Mall und Veronika Reichl für die Hinweise.
Uta Rüenauver und Christoph Steskal für das Lektorat.
Dominik Erhard für die Unterstützung.
Wolfram Eilenberger für den Titel.
Florian Werner für die Möglichkeit.

Literatur

Aristoteles: *Metaphysik*. Herausgeben von Horst Seidl. Hamburg, Meiner, 1991

Simone de Beauvoir: *Das andere Geschlecht. Sitte und Sexus der Frau*. Hamburg, Rowohlt, 1992

Henri Bergson: »Das Mögliche und das Wirkliche«. In: Ders.: *Denken und Schöpferisches Werden. Aufsätze und Vorträge*. Meisenheim am Glan, Westkulturverlag, 1948, S. 110–125

Judith Butler: *Das Unbehagen der Geschlechter*. Frankfurt am Main, Suhrkamp, 1991

Hélène Cixous: »Das Lachen der Medusa«. In: *Das Lachen der Medusa. Zusammen mit aktuellen Beiträgen*. Herausgegeben von Esther Hutfless u. a., Wien, Passagen, 2013, S. 39–62

Thea Dorn: »Das ist ein neuer Totalitarismus«. In: Deutschlandfunk Kultur, 10. 11. 2017, www.deutschlandfunkkultur.de/thea-dorn-zur-sexismus-debatte-das-ist-ein-neuer.1008.de.html?dram:article_id=400306 (abgerufen am 11. 03. 2018)

Denis Diderot: *Die geschwätzigen Kleinode*. Berlin, Rütten & Loening, 1978

Sigmund Freud: »Die Weiblichkeit«. In: *Studienausgabe*. Herausgegeben von Alexander Mitscherlich u. a., Band 7. Frankfurt am Main, S. Fischer, 2000, S. 544–565

Luce Irigaray: *Das Geschlecht das nicht eins ist*. Berlin, Merve, 1979

Rahel Jaeggi: *Kritik von Lebensformen*. Berlin, Suhrkamp, 2013

Jacques Lacan: »Die Bedeutung des Phallus«. In: *Schriften II.* Herausgegeben von Norbert Haas, Olten und Freiburg, Walter, 1975, S. 119–132

Thomas Nagel: *Wie ist es, eine Fledermaus zu sein?* Stuttgart, Reclam, 2016

Michael Pauen und Harald Welzer: *Autonomie. Eine Verteidigung.* Frankfurt am Main, S. Fischer, 2015

Jean-Jacques Rousseau: *Emile oder Über die Erziehung.* Paderborn, Ferdinand Schöningh, 1971

Mithu M. Sanyal: *Vulva. Die Enthüllung des unsichtbaren Geschlechts.* Berlin, Wagenbach 2009

Gabriele Schor: *Feministische Avantgarde. Kunst der 1970er Jahre.* Sammlung Verbund Wien, München, Prestel Verlag, 2016

Slavoj Žižek: »Die Selbstunterwerfung der Frau«. In: *Neue Zürcher Zeitung,* 08. 03. 2018, www.nzz.ch/feuilleton/die-maenner-bleiben-die-herren-ld.1363898 (abgerufen am 08. 03. 2018)

Anmerkungen

1 www.focus.de/familie/me-too-chefin-erzaehlt-wie-oft-sie-sexuell-belaestigt-wurde-und-wann-das-ploetzlich-aufhoerte_id_7767891.html
2 Pauen/Welzer, *Autonomie*, S. 25.
3 Dorn, »Das ist ein neuer Totalitarismus«.
4 Rousseau, *Emile oder Über die Erziehung*, S. 387 ff.
5 Freud, »Die Weiblichkeit«, S. 561.
6 Lacan, »Die Bedeutung des Phallus«, S. 130.
7 Žižek, »Die Selbstunterwerfung der Frau«.
8 Jaeggi, *Kritik von Lebensformen*, S. 200 ff.
9 de Beauvoir, *Das andere Geschlecht*, S. 334.
10 Butler, *Das Unbehagen der Geschlechter*, S. 22.
11 Cixous, *Das Lachen der Medusa*, S. 44.
12 de Beauvoir, *Das andere Geschlecht*, S. 883.